MIKHAIL ZOSHCHENKO

THE TALES OF
NAZAR IL'ICH SINEBRIUKHOV

(in Russian)

МИХАИЛ ЗОЩЕНКО

РАССКАЗЫ
НАЗАРА ИЛЬИЧА
ГОСПОДИНА СИНЕБРЮХОВА

❦

Reprinted from the edition of 1922
with an introduction by
MICHAEL B. KREPS

❦

BERKELEY SLAVIC SPECIALTIES

ISBN 0-933884-33-8

INTRODUCTION

THE YEAR 1821 WAS MARKED by the first complete publication of E.T.A. Hoffmann's collection of stories *Die Serapionsbrüder*. The "Serapion Brothers" were a fictitious literary circle of six young writers who took turns relating their stories to one another and then engaged in impassioned debates over the literary and philosophical problems raised in them. In spite of their disagreements and their different levels of attainment, all of the Brothers agreed that the writer must above all follow the voice of his inspiration rather than strive to please society, and that art must be independent of politics. The criterion for judging art must be artistic value alone, not general utility, and the writer's fundamental principle must be freedom of expression. Every author has the right to create what he will and as he will, provided he writes with talent. But if the writer aims at depicting the real world he must be thorough and exact, and he must describe his hero's distinctive traits in such detail that the reader will recognize him at a glance.

In 1921, a century after the appearance of *The Serapion Brothers*, a group of young writers in Russia organized a literary group and named it after Hoffmann's heroes. While none of these writers was as yet fully developed artistically, it was clear that they expressed no single tendency; each wrote in his own style. Hoffmann attracted them not so much as a writer, but rather as a philosopher and a symbol of the principle of freedom of expression—a principle directly opposed to the later Soviet policy of mandatory "party-mindedness" (*partijnost'*).

Among those who joined this group was twenty-five-year-old Mixail Zoščenko, whose first book, *The Stories of Nazar Il'ič, Mr. Sinebrjuxov,*[*] appeared in 1922. It enjoyed instant success among the reading public; in the words of Konstantin Fedin, "He was the first of these young writers to receive recognition, without the slightest effort, as in a fairy tale—and not only in literary circles, but among the great unfathomable mass of readers. Indeed, he seemed to wake up one fine morning to find himself famous; even at this early stage of his career he tasted all the inconveniences of popularity." However, the success of the Sinebrjuxov stories, which apparently no one had expected, was to some extent a result of Zoščenko's stormy and multifaceted life experience.

Mixail Zoščenko was born in Poltava in 1895 to a family, on his father's side, of Ukrainian petty nobility.

*"Mr. Bluebelly."

His mother, née Surina, was a Russian actress. He grew up in St. Petersburg, where his father worked as a professional artist. Zoščenko often took pride in the fact that art was an inherited tradition in his family. In 1913 he finished his studies in the gymnasium and matriculated at St. Petersburg University in the Faculty of Law. However, he had no interest in his studies and remained there only a year. He enlisted in the army and in 1915 was sent to the front as an officer. He distinguished himself in battle but soon he was wounded and gassed and eventually was demobilized.

Then came 1917. After the revolution, Zoščenko's life was extremely unstable. During the three years from 1917 to 1920 he changed his place of residence twelve times and drifted through a dozen different jobs: he was a policeman, a bookkeeper, a shoemaker, an instructor in aviculture, a telephone operator, a rabbit-keeper, an agent for the criminal police, a court reporter and a legal assistant. During this period Zoščenko was able to observe people of different social levels, various trades and professions, and different spheres of life and language. These experiences played a decisive role in the development of his highly original style, which is already evident in the Sinebrjuxov stories. The narrator-protagonist is an uneducated man who speaks a very unusual and very funny Russian, mixing different dialects, styles of speech, and manners of narration. This narrative technique is known as *skaz* in Russian.

In Zoščenko's stories, *skaz* serves several functions: it creates the illusion of an oral performance, presenting the hero without any favoritism on the part of the author; it reveals the social origins of the hero as well as his world view and relations to people and events; and it reveals his personal preferences and character traits. *Skaz* helps produce a comic effect throughout the narrative.

A characteristic feature of Zoščenko's *skaz* is that the actual facts on which the hero's narrative is based are not the least bit funny—on the contrary, they are often what could only be described as tragic. But the hero-narrator stolidly responds to the tragedies in his life with apparent indifference, or at any rate is unable to express his feelings in appropriate language; his responses deviate from those of the normal, educated reader. We are given a rather complete picture of Sinebrjuxov's circumstances. He is poor, has no job security, and has no understanding of the political or economic events occurring around him *("ne osveščen")*. His family life has been shattered: his wife has left him, his son is dead. His account of an affair with a beautiful Polish woman demonstrates that he is unlucky in love. His "friends" are a rather dubious lot; even his "bosom buddies" Rylo and Utin do not really care about him. He is not welcome anywhere, and nobody has any use for him. In short, he is a loser. But the reader reaches this conclusion for himself by reinterpreting the events presented by the narrator, who sees everything in a quite different light.

Sinebrjuxov portrays himself as riding the crest of life's wave. In his own words, he is a splendid worker: "I'm the kind of guy who can do anything," "everything seethes and spins in my hands." He is a highly respected personage at "Your Excellency, the prince's," having proved his "heroism" by "saving" the prince. He is again "heroic" when, as the would-be lover of the Polish woman, it is *he* who breaks off the relationship, unable to forgive her for her deceit. No matter what he does and no matter what situation he encounters, he must always appear to be the victor, the master of the situation, the just man upholding fair play, etc. Miserable though he is, Sinebrjuxov maintains: "I can't bitch about my life. My life is, to put it bluntly, just fine."

Despite all Sinebrjuxov's misfortunes, the reader nevertheless feels no pity for him. The "anaesthesia of the heart" felt by the reader is due to Sinebrjuxov's own heartlessness, his boastfulness, and, ultimately, to his undisguised egoism and mercenary interests. Having little real talent in any field, he attempts everything, with little success. Boasting of his versatility, Sinebrjuxov remarks that he once even practiced medicine, and he gives an example of how he treated a miller for angina pectoris, a disease he describes as a "childhood ailment," "not dangerous" in nature. Sinebrjuxov also boasts about his friendship with the instructor Rylo, but the reader sees Rylo as an opportunist, a mercenary and a toady. After eating at Sinebrjuxov's, Rylo praises his friend's culinary talents to assure being invited back: "Gives me the shivers, what a swell guy you are. I bet you could even rule a nation." But Sinebrjuxov is oblivious to the militia instructor's real motives: "Ha, ha, that instructor Rylo was a fine man, a noble soul." The reader thus gains an insight into Sinebrjuxov's own character: his egotism, susceptibility to flattery, and narrow-mindedness.

In "A High Society Story" Sinebrjuxov claims, "I really did behave heroically. I sure did." But his "heroism" consisted merely of informing the prince about a German gas attack and helping him out of the dugout, one of his assigned duties as a sentry. It is obvious to the reader that Sinebrjuxov did not really love the Polish woman: he was simply seizing upon an opportunity to philander, while her motives were purely mercenary. Sinebrjuxov's callousness is especially evident in his indifferent relationship with his wife. When he returns to his native village, he learns from a neighbor that she, believing that he was killed in action, has remarried. But Sinebrjuxov expresses no dismay at this turn of events; on the contrary, his first concern was to return to his house to examine his "junk"—his personal belongings were foremost in his mind. "Beda-bediška" ('bad luck') signifies material loss, not human tragedy. Thus, Nazar Il'ič bemoans the loss of his boots, sadly observing that he will not be issued another pair like them unless there is another war.

As a result of the Revolution, many of Zoščenko's heroes find themselves "out of place." They are unable to assimilate the new ideology, yet the old order is no longer operative. If in the past Sinebrjuxov knew what was expected of him, how to act and what to do, now he is at a loss. He had carried out the duties of a soldier and displayed scrupulous honesty in his concern that the prince receive his "treasure chest" (*vklad*) intact. However, according to the new system everything has turned into its opposite. Now, to Sinebrjuxov's surprise, promises made to princes must be broken, not kept.

For the normal, educated reader the conclusions Zoščenko's hero reaches are full of comic elements. Sinebrjuxov expresses dislike for all Poles on the basis of his fiasco with one woman. Polish peasants are sly because they trim their beards and bathe. One friend is a "terribly educated man" because he had once travelled abroad as a valet and drank foreign whisky. Zoščenko uses a variety of stylistic devices to create a comic effect, including:

Autonymic substitution: *narušat' besporjadki*, 'violate disorders', instead of *narusat' porjadki*, 'violate orders';

Semantic reduplication: *glupaja dura*, 'silly fool'; *umeršie pokojniki*, 'dead corpses';

Phraseological zeugma: *sidet' na odnom zasižennom meste* is a conflation of three different expressions: *sidet' na odnom meste*, 'to stay in the same place', *nasižennoe mesto*, 'long-occupied place, one's home of many years', and *zasižennyj*, 'fly-specked';

Malapropism: *vklad*, 'investment' instead of *klad*, 'treasure'; *rastrogalsja*, 'was touched (emotionally)' instead of *rasstroilsja*, 'got upset'; *ne osveščen*, 'not illuminated' instead of *ne prosveščen*, 'not enlightened';

Continuation by inertia: *svetlejšij knjaz' i baron* (about one and the same person); *nizverženie carja s cariceju*, 'overthrow of the tsar and tsaritsa';

False synonymic substitution: *pušecka—Gotčkis zaglavie* (*zaglavie* instead of *nazvanie*); *v čine kamerdinera*, 'in the rank of valet' instead of *v dolžnosti kamerdinera*;

Contradiction: *žaba—detskaja bolezn'*, 'angina pectoris is a childhood disease'; *Minsk—pol'skij gorod*, 'Minsk is a Polish city'.

* * *

The Sinebrjuxov stories enjoyed considerable success, and they were republished without change in several editions before 1936. The publications of 1936 and 1937 bear distinct traces of political editing: several parts are omitted (among them the passage about Sinebrjuxov's American counterpart and his boots), and there are numerous additions, some of them up to a half-page long.

During the 1946 political campaign known as Ždanovism, the ideological screws were tightened again. Zoščenko was denounced as an "unprincipled literary hooligan" whose every story was a "crude lampoon on Soviet life," full of "filth and obscenity." As a result of this campaign Zoščenko was expelled from the Union of Soviet Writers, and his works were banned from publication. People stopped reading his works and many friends renounced him, fearing even to greet him when they met. Finding no means of support, Zoščenko began to sell his worldly belongings. Eventually he received work as a translator.

Only in 1955, after Stalin's death, was he permitted to publish again, but most of what he wrote in those years was of little literary value. Two collections of his earlier stories were published before his death (in 1956 and 1958), but neither of them included the Sinebrjuxov stories. Only in 1968, ten years after his death, were they included in a two-volume collection of his works edited by V. Gromov. But the editor not only used the politically censored version of 1936, but made further cuts, omitting, for instance, Sinebrjuxov's discourse about Poland and the Polish people. The next and latest edition (1978), edited by I. Isakovič, repeated Gromov's redaction verbatim. Thus, for the Soviet reader the uncensored stories are practically inaccessible unless he manages to obtain the rare 1922 version, which is reproduced below.

Michael B. Kreps
Berkeley, 1981

РАССКАЗЫ НАЗАРА ИЛЬИЧА

ГОСПОДИНА СИНЕБРЮХОВА

МИХАИЛ ЗОЩЕНКО

РАССКАЗЫ

НАЗАРА ИЛЬИЧА
ГОСПОДИНА СИНЕБРЮХОВА

ЭПОХА

ПЕТЕРБУРГ ★ БЕРЛИН

ОГЛАВЛЕНИЕ

РАССКАЗЫ НАЗАРА ИЛЬИЧА

ГОСПОДИНА СИНЕБРЮХОВА

ПРЕДИСЛОВИЕ

Я такой человек, что все могу... Хочешь — могу землишку обработать по слову последней техники, хочешь — каким ни на есть рукомеслом займусь — все у меня в руках кипит и вертится.

А что до отвлеченных предметов, там, может быть, рассказ рассказать, или какое-нибудь тоненькое дельце выяснить, — пожалуйста: это для меня очень даже просто и великолепно.

Я даже, запомнил, людей лечил.

Мельник такой жил-был. Болезнь у него, можете себе представить, — жаба болезнь. Мельника того я лечил. А как лечил? Я, может быть, на него только и глянул. Глянул и говорю: — да, говорю, болезнь у тебя жаба, но ты не горюй и не пугайся, болезнь эта внеопасная, и даже прямо тебе скажу — детская болезнь.

И что-же? Стал мой мельник с тех пор круглеть и розоветь, да только в дальнейшей жизни вышел ему перетык и прискорбный случай...

А на меня многие очень удивлялись. Инструктор Рыло, это еще в городской милиции, тоже очень даже удивлялся. Бывало придет ко мне, ну, как к своему задушевному приятелю:

— Ну, что, — скажет, — Назар Ильич товарищ Синебрюхов, не богат ли будешь печеным хлебцем?

Хлебца, например, я ему дам, а он сядет, запомнил, к столу, пожует-покушает, ручками этак вот раскинет:

— Да, скажет, — погляжу я на тебя, господин Синебрюхов, и слов у меня нет. Дрожь прямо берет, какой ты есть человек. Ты, говорит, наверное, даже державой управлять можешь.

Хе-хе, хороший был человек инструктор Рыло, мягкий.

А то начнет, знаете-ли, просить: расскажи ему что-нибудь такое из жизни. Ну, я и рассказываю.

Только, безусловно, насчет державы я никогда и не задавался: образование у меня, прямо скажу, никакое, а домашнее. Ну, а в мужицкой жизни я вполне драгоценный человек. В мужицкой жизни я очень полезный и развитой.

Крестьянские эти дела-делишки я, ух, как понимаю. Мне только и нужно раз взглянуть как и что.

Да только ход развития моей жизни не такой.

Вот теперь, где бы мне хозяином пожить в полное свое удовольствие, я крохобором вот хожу по разным гиблым местам, будто преподобная Мария Египетская.

Да только я не очень горюю. Я вот теперь дома побывал и нет, не увлекаюсь больше мужицкой жизнью.

Что-ж там? Бедность, блекота и слабое развитие техники.

Скажем вот про сапоги.

Были у мене сапоги, не отпираюсь, и штаны, очень даже великолепные были штаны. И, можете себе представить, сгинули они аминь — во веки веков в собственном своем домишке.

А сапоги эти я двенадцать лет носил, прямо скажу, в руках. Чуть какая мокрень или

непогода — разуюсь и хлюпаю телом по грязи...
Берегу.

И вот сгинули...

А мне теперь что? Мне теперь в смысле сапог — труба.

В германскую кампанию выдали мне сапоги — штиблетами — блекота. Смотреть на них грустно. А теперь, скажем, жди. Ну, спасибо, война, может, произойдет — выдадут. Да только нет, годы мои вышли и дело мое на этот счет гиблое.

А все, безусловно, бедность и слабое развитие техники.

Вот для наглядности сюжета взять иностранную державу, ну, скажем, Северную Америку... Хорошо-с... Взяли. Идет человек по улице, мужик американский, такой же как и не я... Пальтишко на нем деми-сезон. Шляпка, полсапожки, может быть, замечательные...

Подходит он демонстративно к стене, поворачивает какую-нибудь там еле зримую фитюльку и

— Ало? — говорит, — откеда?

Говорит, а сам по камню так и точет нарочно каблучком, не боится, жаба, что сапог испортит.

Ему что? Там богатство и жизненное ве-
ликолепие Европы. А у нас бедность и блекота.

Ну, а рассказы мои, безусловно, из жизни
и все воистинная есть правда.

ВЕЛИКОСВЕТСКАЯ ИСТОРИЯ

Фамилией Бог меня обидел — это верно — Синебрюхов, Назар Ильич.

Ну, да обо мне речь никакая — очень я даже посторонний человек в жизни. Но только случилось со мной великосветское приключение и пошла оттого моя жизнь в разные стороны, все равно как вода, скажем, в руке — через пальцы, да и нет ее.

Принял я и тюрьму, и ужас смертный, и всякую гнусь... Да только все может в пустую... Нету здесь такого человека нужного, молодого князя вашего сиятельства.

Может и ушел он из России вон, а, может, и неживой теперь — казнь принял.

Так-то вот.

Был у меня задушевный приятель. Ужасно образованный человек, прямо скажу — одарен-

14

ный качествами. Ездил он по разным иностранным державам в чине камендинера, понимал он даже, может, по французскому и виски иностранные пил, а был такой же как и не я, все равно, рядовой гвардеец пехотного полка.

На германском фронте в землянках, бывало, удивительные даже рассказывал происшествия и исторические всякие там вещички.

Принял я от него не мало. Спасибо. Многое через него узнал и дошел даже до такой точки, что случилась со мной гнусь всякая, а сердцем я и по сейчас бодрюсь.

Знаю: Пипин Короткий... Встречу, скажем, человека и спрошу: а кто за есть такой Пипин Короткий?

И тут то и вижу всю человеческую образованность, все равно как на ладони.

Да только не в этом штука.

Было тому... сколько?.. четыре года взад. Призывает мене ротный командир в чине — гвардейский поручик и князь ваше сиятельство. Ничего себе. Хороший человек.

Призывает. Так мол и так, говорит, очень я тебя, Назар, уважаю и вполне ты прелестный человек... Сослужи, говорит, мне еще одну службишку.

Произошла, говорит, февральская революция.

Отец староватенький и очень я даже беспокоюсь по поводу недвижимого имущества. Поезжай, говорит, к старому князю в родное имение, передай вот это самое письмишко в самые то есть его ручки и жди, что скажет.

А супруге, говорит, моей, прекрасной полячке Виктории Казимировне, низынько поклонись в ножки и ободри каким ни на есть словом. Исполни, говорит, это для ради Бога, а я, говорит, осчастливлю тебя суммой и пущу в несрочный отпуск.

— Ладно, — отвечаю, — князь ваше сиятельство, спасибо за добрую ласку, только может я и не стою таких ваших слов.

А у самого сердце огнем играет: эх, думаю, как бы это исполнить.

А был князь ваше сиятельство со мной все равно как на одной точке. Уважал меня по поводу незначительной даже истории. Конешно, я поступил геройски. Это верно.

Стою раз преспокойно на часах у княжей земляночки на германском фронте, а князь ваше сиятельство пирует с приятелями. Тут же между ними, запомнил, сестричка милосердия.

Ну, конечно: игра страстей и разнузданная вакханалия... А князь ваше сиятельство, из себя пьяненький, песни играет.

Стою. Только слышу вдруг шум в передних окопчиках. Шибко так шумят, а немец, безусловно, тихий, и будто вдруг атмосферой на меня пахнуло.

Ах ты, думаю, мать твою так — газы.

А поветрие легонькое этакое в нашу, в русскую сторону.

Беру преспокойно зелинскую маску (с резиной), взбегаю в земляночку...

Так, мол, и так, кричу, князь ваше сиятельство, дыши через маску — газы.

Очень тут произошел ужас в земляночке.

Сестричка милосердия — бяк — с катушек долой — мертвая падаль.

А я сволок князеньку вашего сиятельства на волю, кострик разложил по уставу.

Зажег. Лежим, не трепыхнемся... Что будет... Дышим.

А газы... Немец хитрая сука, да и мы, безусловно, тонкость понимаем: газы не имеют права осесть на огонь.

Газы туды и сюды крутятся, выискивают
нас то... С боку да с верьхов так и лезут,
так и лезут клубом, вынюхивают...

А мы, знай, полеживаем да дышим в маску...
Только прошел газ, видим — живые.

Князь ваше сиятельство лишь малехонько
поблевал, вскочил на ножки, ручку мне жмет —
восторгается.

— Теперь, — говорит, — ты, Назар, мне
все равно как первый человек в свете. Иди
ко мне вестовым — осчастливь. Буду о тебе
печись.

Хорошо-с. Прожили мы с ним цельный
год прямо таки замечательно.

И вот тут то и случилось: засылает меня
ваше сиятельство в родные свои места.

Собрал я свое борохлишко. Исполню, думаю, показанное, а там к себе. Все таки дома,
безусловно, супруга не старая и мальчичек.

Хорошо-с. В город Смоленск прибыл, а
оттуда славным образом на пароходе на пасса-
жирском, в родные места старого князя.

Иду — любуюсь. Прелестный княжеский
уголок и чудное, запомнил, заглавие — вилла
Забава.

Вспрашиваю: здесь ли, говорю, проживает старый князь ваше сиятельство. Я, говорю, очень по самонужнейшему делу с собственноручным письмом из действующей армии.

Это бабенку то я вспрашиваю.

А бабенка:

— Вон, — говорит, — старый князь ходит грустный из себя по дорожкам.

Безусловно: ходит по садовым дорожкам ваше сиятельство.

Вид, смотрю, замечательный — сановник, светлейший князь и барон. Бородища баками пребелая-белая. Сам хоть и староватенький, а видно что крепкий.

Подхожу. Рапортую по военному. Так, мол, и так, совершилась, дескать, февральская революция, вы, мол, староватенький и молодой князь ваше сиятельство в совершенном расстройстве по поводу недвижимого имущества. Сам же, говорю, жив и невредимый и интересуется, каково проживает молодая супруга, прекрасная полячка Виктория Казимировна.

Тут и передаю секретное письмишко.

Прочел это он письмишко.

— Пойдем, — говорит, — милый Назар, в комнаты. Я, говорит, очень сейчас волнуюсь... А пока на, возьми, от чистого сердца рубль.

Тут вышла и представилась мне молодая супруга Виктория Казимировна с дитей.

Мальчик у ней — сосун млекопитающийся.

Поклонился я низынько, вспрашиваю каково живет ребеночек, а она будто нахмурилась.

— Очень, — говорит, — он нездоровый, ножками крутит, брюшком пухнет — краше в гроб кладут.

— Ах ты, — говорю, — и у вас, ваше сиятельство, горе такое же человеческое.

Поклонился я в другой раз и прошусь вон из комнаты, потому понимаю, конешно, свое звание и пост.

Собрались к вечеру княжие люди на паужин. И я с ними.

Харчим, разговор поддерживаем. А я вдруг и вспрашиваю.

— А что, — говорю, — хорош ли будет старый князь ваше сиятельство.

— Ничего себе, — говорят, — хороший, только не иначе как убьют его скоро.

— Ай, — говорю, — что сделал?

— Нет, — говорят, — ничего не сделал, вполне прелестный князь, но мужички по поводу февральской революции беспокоятся и хитрят.

Тут стали меня, безусловно, про революцию вспрашивать. Что к чему.

— Я, — говорю, — человек не освещенный. Но произошла, говорю, февральская революция. Это верно. И низвержение царя с царицей.

Что же в дальнейшем, опять, повторяю, не освещен. Однако, произойдет отсюда людям не малая, думаю, выгода.

Только встает вдруг один, запомнил, из кучеров. Злой мужик. Так и язвит меня.

— Ладно, — говорит, — февральская революция. Пусть. А какая такая революция? Наш уезд, если хочешь, весь не освещен. Что к чему и кого бить не показано. Это, говорит, допустимо? И какая такая выгода? Ты мне скажи какая такая выгода? Капитал?

— Может, — говорю, — и капитал, да только нет, зачем капитал? не иначе как землишкой разживетесь.

— А на кой мне, — ярится, — твоя землишка, если я буду из кучеров? А?

— Не знаю, — говорю, — не освещен. И мое дело — сторона.

А он, безусловно, язвит:

— Недаром, — говорит, — мужички беспокоятся что к чему... Старосту Иван Костыля побили ни за прочто, ну и князя, безусловно, кончат.

Так вот поговорили мы славным образом до вечера, а вечером ваше сиятельство меня кличут.

Усадили меня, запомнил, в кресло, а сами такое:

— Я, — говорит, — тебе, Назар, по прямому: тени я не люблю наводить, так и так, мужички не сегодня завтра пойдут жечь имение, так нужно хоть малехонько спасти. Ты, мол, очень верный человек, мне же, говорит, не на кого положиться... Спаси, говорит, для ради Бога положение.

Берет тут меня под ручки и водит по комнатам.

— Смотри, — говорит, — тут саксонское серебро черненое и драгоценный горный хрусталь и всякие, говорит, золотые излишества. Вот, говорит, какое богатое добрище, а все пойдет, безусловно, прахом и к чертовой бабушке.

А сам шкаф откроет — загорюется.

— Что-ж, — говорю, — ваше сиятельство, я не причинен.

А он:

— Знаю, — говорит, — что не причинен, но сослужи, говорит, милый Назар, предпоследнюю службу: бери, говорит, лопату и изрой ты мне землю в гусином сарае. Ночью, говорит, мы схороним что можно и утопчем ножками.

— Что-ж, — отвечаю, — ваше сиятельство, я хоть человек и не освещенный, это верно, а мужицкой жизнью жить не согласен. И хоть в иностранных державах я не бывал, но знаю культуру через моего задушевного приятеля гвардейского рядового пехотного полка. Утин его фамилия. Я, говорю, безусловно, согласен на это дело, потому, говорю, если саксонское черненое серебро — то, по иностранной культуре, совершенно невозможно его портить.

А сам тут хитро перевожу дело на исторические вещички.

Испытываю, что за есть такой Пипин Короткий.

Тут и высказал ваше сиятельство всю свою высокую образованность.

Хорошо-с.

К ночи, скажем, уснула наипоследняя собака... Беру лопату и в гусиный сарай.

Место ощупал. Рою.

И только берет меня будто жуть какая. Всякая то есть гнусь и невидаль в воспоминание лезет.

Копну, откину землишку — потею и рука дрожит. А умершие покойники так и представляются, так и представляются...

Рыли, помню, на австрийском фронте окопчики и мертвое австрийское тело нашли...

И зрим: когти у покойника предлинные — длинные, больше пальца. Ох, думаем, значит ростут они в земле после смерти. И такая на нас, как сказать, жуть напала — смотреть больно. А один гвардеец дерг да дерг за ножку австрийское мертвое тело... Хороший, говорит, заграничный сапог, не иначе как австрийский... Любуется и примеряет в мыслях и опять дерг да дерг, а ножка в руке и осталась.

Да-с. Вот такая-то гнусь мертвая лезет в голову, но копаю самосильно, принуждаюсь Только, вдруг, как засуршит чтой-то в углу. Тут я и присел.

Смотрю: ваше сиятельство с фонарчиком лезет — беспокоится.

Ай, — говорит, ты умер, Назар, что долго? Берем, говорит, сундучки поскореича и делу конец.

Принесли мы, запомнил, десять притяженленных — тяжелых сундучка, землей закрыли и умяли ножками.

К утру выносит мне ваше сиятельство двадцать пять целковеньких, любуется мной и за ручку жмет.

— Вот, говорит, — тут письмишко к молодому вашему сиятельству. Рассказан тут план местонахождения вклада.

Поклонись, говорит, ему — сыну и передай родительское благословение.

Оба тут мы полюбовались друг другом и разошлись.

Домой я поехал... Да тут опять речь никакая.

Только прожил дома почти что два месяца и возвращаюсь в полк. Узнаю: произошли, говорят, события, отменили воинскую честь и всех офицеров отказали вон. Вспрашиваю: — где-ж такое ваше сиятельство?

— Уехал, — говорят, а куда неизвестно. Хорошо-с.

Штаб полка.

Являюсь по уставу внутренней службы. Так и так, рапортую, из несрочного отпуска.

А командир, по выбору, прапорщик Лапушкин — бяк меня по уху.

— Ах ты, — говорит, — княжий холуй, снимай, говорит, собачье мясо, погоны воинские.

Здорово, думаю, бьется прапорщик Лапушкин, сволочь такая...

— Ты, говорю, — по морде не бейся. Погоны снять сниму, а драться я не согласен.

Хорошо-с.

Дали мне, безусловно, вольные документы по чистой, и —

— Катись, — говорят, — колбаской.

А денег у мене, запомнил, ничего не было, только рубль дареный, зашитый в ватной жилете.

— Пойду, — думаю, — в город Минск, разживусь, а там поищу вашего сиятельства. И осчастливит он меня капиталом.

Только иду нешибко лесом, слышу — кличит ктой-то.

Смотрю — посадские. Босые босячки. Крохоборы.

— Куда, — вспрашивают, — идешь-катишься военный мужичек?

Отвечаю смиренномудро:

— Качусь, — говорю, — в город Минск по личной своей потребности.

— Тек-с, — говорят, — а что у тебя, скажи пожалуйста, в вещевом мешечке?

— Так, — отвечаю, — кой-какое свое борохлишко.

— Ох, — говорят, — врешь, худой мужик!

— Нету, воистинная моя правда.

— Ну так объясни, если на то пошло, полностью свое борохлишко.

Ладно.

Вот, — объясняю — теплые портянки для зимы, вот запасная блюза — гимнастеркой, штаны кой-какие...

— А есть ли, — вспрашивают, — деньги?

— Нет, — говорю, — извините худого мужика, денег не припас.

Только один рыжий такой крохобор, конопатый:

— Чего, — говорит, — агитировать: становись (это мне то-есть) становись, примерно, вон к той березе, тут мы в тебя и штрельнем.

Только смотрю — нет, не шутит. Очень я забеспокоился смертельно, дух кислый от мене пошел, но отвечаю негордо:

— Зачем, — отвечаю, — относишься с такими словами? Я, говорю, на это совершено даже несогласен.

— А мы, — говорят, — твоего согласия не спросим, нам, говорят, на твое несогласие равно даже начихать. Становись и все тут.

— Ну хорошо, — говорю, — а есть ли вам от казни какая корысть?

— Нет, корысти, — говорят, — нету, но мы, говорят, для ради молодчества казним, дух внутренний поддержать.

Одолел тут меня ужас смертный, а жизнь прельщает наслаждением. И совершил я уголовное преступление.

— Убиться я, — говорю, — не согласен, но только послушайте мене задушевные босячки: имею я, безусловно, при себе тайну и план местонахождения вклада вашего сиятельства.

И привожу им письмо.

Только читают, — безусловно: гусиный сарай... саксонское серебро... план местонахождения.

Тут я оправился; путь, думаю, не близкий, дам теку.

Хорошо-с.

А босячки:

— Веди, — говорят, — нас, если на то пошло, к плану местонахождения вклада. Это, говорят, тысячное даже дело. Спасибо, что мы тебя не казнили.

Очень мы долго шли, две губернии, может, шли, где ползком, где леском, но только пришли в княжескую виллу „Забава“. А только теку нельзя было дать — на ночь вязали руки и ноги.

Пришли.

Ну, думаю, быть беде — уголовное преступление против вашего сиятельства.

Только узнаем: до смерти убит старый князь ваше сиятельство, а прелестная полячка Виктория Казимировна уволена вон из имения.

А в имении заседает, дескать, комиссия.

Хорошо-с.

Разжились инструментом и к ночи пошли на княжий двор.

Показываю босячкам:

— Вот, — говорю, — двор вашего сиятельства, вот коровий хлев, вот пристроички всякие, а вот и...

Только смотрю — нету гусиного сарая.

Будто должен где-то тут существовать — а нету.

Фу ты, думаю, так твою так.

Идем обратно.

— Вот, говорю, — двор вашего сиятельства, вот хлев коровий...

Нету гусиного сарая. Прямо таки нету гусиного сарая. Обижаться стали босячки. А я аж весь двор объелозил на брюхе и смотрю как бы уволиться. Да за мной босячки — пугаются, что, дескать, сбегу.

Пал я тут на колени:

— Извините, — говорю, — худого мужика — водит нас незримая сила. Не могу признать местонахождения.

Стали тут мене бить босячки инструментом по животу и по внутренностям. И поднял я крик очень ужасный.

Хорошо-с.

Сбежались хрестьяне и комиссия.

Выяснилось: вклад вашего сиятельства, а где — неизвестно.

30

Стал я богом божиться — не знаю, мол, что к чему, приказано, дескать, передать письмишко, а я не причинен.

Пока хрестьяне рассуждали, что к чему и солнце встало.

Только смотрю: светло и, безусловно, нет гусиного сарая. Вижу: ктой-то разорил на слом гусиный сарай. Ну, думаю, хорошо. Больно хорошо. Молчи теперь помалкивай, Назар Ильич господин Синебрюхов.

А очень тут разгорелась комиссия. И какой-то, запомнил, советский комиссар так и орет горлом, так и прет пузом на мене...

— Ты, — говорю, — смотри пузом на мене не при, потому я, безусловно, не причинен.

А он:

— Это, — говорит, — дело уголовное и статья, говорит, есть такая... Рой, кричит, хрестьянские товарищи, землишку, выколачивай все сараи, выискивай на мою голову.

Разошлись все, безусловно, по сараям, копают — свист идет, а, безусловно, ничего нету. А босячки мои сгрудились, сиг через забор — только их и видели.

А меня скрутили, связали руки, ударили нешибко по личности и отвезли в тюрьму. Так то вот, испытывали что к чему. И на обчественных работах мурыжили год.

И все в пустую. Нету нигде молодого князя вашего сиятельства...

А нужно передать ему, что план местонахождения — в разоренном на слом гусином сарае, пройдя сорок шагов от коровьего хлева в бок.

Вот и весь сказ.

Да рубль даренный и посейчас зашит в ватной жилете.

ВИКТОРИЯ КАЗИМИРОВНА

В Америке я не бывал и о ней, прямо скажу, ничего не знаю.

А вот из иностранных держав про Польшу знаю. И даже могу ее разоблачить.

В германскую войну я три года ходил по польской земле... И нет! не люблю я полячишек. В натуре у них, знаю, всякие хитрости.

Скажем — баба. Ихняя баба в руку целует. Только взойдешь в халупу:

— Ниц нема, пан...

И сама, стерва, в руку.

Русскому человеку это невозможно.

Мужик ихний, безусловно, хитрая нация.

Ходит завсегда чисто, бороденка бритая, денежку копит.

Нация их и теперь выясняется. Скажем: Верхняя Силезия... Зачем, пожалуйста, полячку Верхняя Силезия? Зачем же издеваться над германской расой?

Ну хорошо, живи отдельной державой, имей свою денежную еденицу, а к чему же еще такое несбыточное требование?

Нет, не люблю я полячишек...

А вот поди ж ты: встретил польскую паненку и такая у мене к Польше симпатия пошла, лучше, думаю, этого народа и не бывает.

Да только ошибся.

Нашло на мене, прямо скажу, такое чудо, такой туман, что она прелестная красавица ни скажет, то я и делаю.

Убить человека я, скажем, не согласен — рука дрогнет, а тут убил, и другого, престарелого мельника, убил. Хоть и не своей рукой, да только путем своей личной хитрости.

А сам, подумать грустно, ходил легкомысленно, женишком прямо около нее, бороденку даже подстриг и в подлую ее ручку целовал.

Было такое польское местечко Крево. На одном конце — пригорок — немцы окопались. На другом — обратно пригорок — мы окопчики взрыли и польское это местечко Крево осталось лежать между окопчиками в овраге.

Польские жители, конечно, уволились, а которые хозяева и, как бы сказать, добришко кому покинуть грустно — остались. И как они так существовали — подумать странно.

Пуля так и свистит, так и свистит над ними, а они ничего, живут себе прежней жизнью.

Ходили мы к ним в гости.

Бывало в разведку, либо в секрет, а уж по дороге, безусловно, в польскую халупу.

К мельнику все больше ходили.

Мельник такой существовал престарелый. Баба его сказывала: имеет, говорит, он деньжонки капиталом, да только не говорит где. Будто обещал сказать перед смертью, а пока чегой-то пугается и скрывает.

А мельник, это точно, скрывал свои деньжонки.

В задушевной беседе он мне все и высказал. Высказал, что желает перед смертью пожить в полное семейное удовольствие.

— Пусть, — говорит, — они меня такого то малехонько побалуют, а то скажи им где деньжонки — оберут как липку и бросят за свои любезные, даром что свои родные родственники.

Мельника этого я понимал и ему сочувствовал. Да только какое уж там, сочувствовал, семейное удовольствие, если болезнь у него жаба, и ноготь, приметил я, синий.

Хорошо-с. Баловали они старичка.

Старик кобенится и финтит, а они так во взор его и смотрят, так перед ним и трепещут, пугаются, что не скажет про деньги.

А была у мельника семья: баба его престарелая, да не родная дочка, прелестная паненка Виктория Кизимировна.

Я вот рассказывал виликосветскую историю про клад князя вашего сиятельства — вся воистинная есть правда: и босячки крохоборы, и что били меня инструментом, да только не было в тот раз прекрасной полячки Виктории Казимировны. И быть ее не могло. Была она в другой раз и по другому делу... Это уж я так, извините худого мужика...

Была она, Виктория Казимировна, дочка престарелого мельника.

И как это вышло? С перваго даже дня завязались у нас прелестные отношения... Только, помню, пришли раз к мельнику. Сидим кихикаем, а Виктория Казимировна все, замечаю, ко мне ластится то, знаете ли, плечиком, то ножкой.

— Фу ты, — восхищаюсь, — так твою так — случай.

А сам все же пока остерегаюсь, отхожу от ней да отмалчиваюсь.

Только попозже берет она меня за руку, любуется мной.

— Я, — говорит, — господин Синебрюхов, могу даже вас полюбить. (Так и сказала). И уже имею что-то в груди, даром что вы не прелестный вьюноша. Только, говорит, есть у мене до вас просьбишка: спасите, говорит, мене для ради Бога. Желаю, говорит, уйти из дому в город Минск, или еще в какой-нибудь там в польский город, потому что сами видите — погибаю я здесь курам на смѣх. Отец мой престарелый мельник имеет капитал, так нужно выпытать, где хранит его. Нужно мне разжиться деньгами. Я, говорит, против отца не злоупотребляю, но не сегодня — завтра он безусловно помрет, болезнь у него жаба, и пугаюсь я, что про капитал не скажет.

Начал я тут удивляться, а она прямо таки всхлипывает, смотрит в мои очи, любуется.

— Ах, говорит, — Назар Ильич господин Синебрюхов, вы самый здесь развитой и прелестный человек и как-нибудь вы это сделаете.

Хорошо-с. Придумал я такую хитрость: скажу старичку, дескать, выселяют всех из местечка Крево… Он, безусловно, вынет свое добро… Тут мы и заставим его поделить.

Прихожу на завтра к ним, сам, знаете ли, бороденку подстриг, блюзу-гимнастеркой новую надел, являюсь прямо таки парадным женишком.

— Сейчас, — говорю, — Викторичка, все будет исполнено.

Подхожу демонстративно к мельнику.

— Так и так, — говорю, — теперь, говорю, вам, старичек, каюк-компания — выйдет завтра приказ: по случаю военных действий выселить всех жителей из местечка Крево.

Ох, как содрогнется тут мой мельник, как вскинется на постельке… И сам как был в нижних подштаниках — шасть за дверь и слова никому не молвил.

Вышел он на двор и я тихонько следом.

А дело ночное было. Луна. Каждая даже травинка виднеется. И идет он вес в белом будто шкелет какой, а я за сарайчиком прячусь.

А немец, помню, чтой-то тогда постреливал. Только прошел он, старичек, немного, да вдруг как ойкнет. Ойкнет и за грудь скорей. Смотрю и кровь по белому каплет.

— Ну, — думаю, — произошла беда — пуля.

Повернулся он, смотрю, назад руки опустил и к дому.

Да только смотрю — пошел он как-то жутко. Ноги не гнет, сам весь в неподвижности, а поступь грузная.

Забежал я к нему, сам пугаюсь, хвать да хвать его за руку, а рука холодеет и смотрю: в нем дыханья нет — покойник. И незримой силой взошел он в дом, веки у него закрыты, а как на пол ступит, так пол гремит — земля к себе покойника требует.

Закричали тут в доме, раздались перед мертвецом, а он дошел поступью смертной до постельки, тут и скосился.

И такой в халупе страх настал, сидим и дышать даже жутко.

Так вот помер мельник через мене и сгинули — аминь во веки веков его деньжонки — капиталом.

А очень тут загрустила Виктория Казимировна. Плачет она и плачет и всю неделю плачет — не сохнут слезы.

А как приду к ней — гонит и видеть мене не может.

Так прошла, запомнил, неделя, являюсь к ней. Слез, смотрю, нету и подступает она ко мне даже любовно.

— Что ж, — говорит, ты сделал, Назар Ильич господин Синебрюхов? Ты, говорит, во всем виноват, ты теперь и раскаивайся. Достань ты мне хоть с морского дна какой-нибудь небольшой капитал, а иначе, говорит, ты первый для меня преступник и уйду я, знаю куда, в обоз, звал меня в любовницы прапорщик Лапушкин и обещал даже золотые часишки браслетой.

Покачал я прегорько головой, дескать, откуда мне такому-то разжиться капиталом, а она вскинула на плечи трикотажный платочек, поклонилась мне низынько:

— Пойду, — говорит, — поджидает — ждет меня прапорщик Лапушкин. Прощайте, пожалуйста, Назар Ильич господин Синебрюхов.

— Стой, — говорю, — стой, Виктория! Дай говорю, срок — дело это обдумать надо.

А — чего, — говорит, — его думать? Пойди да укради хоть с морского дна, только исполни мою просьбу.

И осенила тут меня мысль.

На войне, думаю, все можно. Будут, может, немцы наступать — пошурую по карманам, если на то пошло.

А вскоре и вышел подходящий случай.

Была у нас в окопах пушечка... Эх, дай Бог память — Гочкис заглавие. Морская пушечка Гочкис.

Дульце у ней тонехонькое, снаряд — и смотреть на него глупо, до того незначительный снаряд. А стреляет она всячески не слабо. Стрельнет и норовит взорвать, что побольше.

Над ней и командир был — морской подпоручик Винча. Подпоручик ничего себе, но сволочь. Бить не бил, но под винтовку ставил запросто.

А очень мы любили эту пушечку и завсегда ставили ее в свой окоп.

Тут, скажем, пулемет, а тут небольшое насаждение из елок — и пушечка.

Германии она очень досаждала. В польский костел она била по кумполу, потому был там германский наблюдатель.

По пулеметам тоже била.

И прямо немцам она не давала никакого спасения.

Так вот вышел случай.

Выкрали немцы в ночное время у ней главную часть-затвор. И при том унесли пулемет. И как это случилось — удивительно подумать. Время было тихое, я, безусловно, к Виктории

Казимировне пошел, часовой у пушечки вздремнул, а подчасок, сволочь такая худая, в дежурный взвод пошел. Там в картишки играли.

Ну ладно. Пошол.

Только играет он в карты, выигрывает и, сучий сын, не поинтересуется посмотреть, что случилось.

А случилось: немцы пушечкин затвор подтибрили.

К утру только пошел подчасок к пушечке и зрит: лежит часовой, безусловно, мертвый и кругом кража.

Ох, и было же что тогда!

Морской подпоручик Винча тигрой на мене наскакивает, весь дежурный взвод ставит под винтовку и каждому велит в зубах по карте держать, а подчаску веером три карты.

А к вечеру едет — волнуется генерал ваше превосходительство.

Ничего себе хороший генерал.

Взглянул на взвод и гнев его прошел. Тридцать человек как один в зубах по карте держат.

Усмехнулся генерал.

— Выходи, — говорит, — отборные орлы; налетай на немцев, разоряй внешнего врага.

Вышли тут, запомнил, пять человек и я с ними.

Генерал ваше превосходительство восхищается нами.

— Ночью, — говорит, — летите, отборные орлы. Режьте немецкую проволоку, изыскивайте хоть какой-нибудь пулемет и если случится — пушечкин затвор.

Хорошо-с.

К ночи мы и пошли.

Я-то играючи пошел. Мыслишку, во-первых, свою имел, а потом, имейте в виду, жизнь свою я не берег. Я, знаете ли, счастье вынул.

В одна тыща девятьсот, должно быть, что в шестнадцатом году, запомнил, ходил такой черный, люди говорили, румынский мужик. С птицей он ходил. На груди у него клетка, а в клетке не попка — попка та зеленая — а тут вообще какая-то тропическая птица. Так она, сволочь такая, ученая, клювом вынимала счастье — кому что. А мне, запомнил, планета Рак и жизнь предсказана до 90 лет.

И еще там многое что предсказано, что — я уж и позабыл, да только все исполнилось в точности.

И тут вспомнил я предсказание и пошел, прямо скажу, гуляючи.

Подошли мы к немецкой проволоке. Темь. Луны еще не было. Прорезали преспокойно лаз. Спустились вниз, в окопчики в германские. Прошли шагов с полста — пулемет — пожалуйста.

Уронили мы германского часового на земь и придушили тут же...

Очень мне это было неприятно, жутковато и вообще, знаете ли, ночной кошемар.

Хорошо-с.

Сняли пулемет с катков, разобрали кому что, кому катки, кому ящики, а мне, запомнил, подсунули, мать их так, самую что ни на есть тяжесть — тело пулемета.

И такой, провались он совсем, претяжеленный был, те на легке шаг да шаг и скрылись от мене, а я пыхчу с ним — затрудняюсь. Мне бы на верх ползти, да смотрю — проход сообщения. Я в проход сообщения... А из-за угла, вдруг, германец прездоровенный-здоровенный и на перевес у него винтовка. Бросил я пулемет под ноги и винтовку тоже против него вскинул.

Только чую — германец стрельнуть хочет — голова на мушке.

Другой оробел бы, другой, ух, как оробел бы, а я ничего — стою, не трепыхнусь даже. А поверни я только спину, либо щелкни затвором — тут безусловно мне и конец.

Так вот стоим друг против дружки и всего-то до нас пять шагов. Зрим друг друга глазами и ждем кто побежит. И вдруг как задрожит германец, как обернется взад... Тут я в него и стрельнул. И вспомнил свою мыслишку. Подполз к нему, пошарил по карману — противно. Ну да ничего — перевозмог себя, вынул кабаньей кожи бумажник, вынул часишки в футляре (немцы все часишки в футляре носят), взвалил пулемет на плечо и на верх. Дошел до проволоки — нету лаза. Да и мыслимо ли в темноте его найти?

Стал я через проволоку продираться — трудно. Может быть час или больше лез, всю прорвал себе спину и руки совсем изувечил. Да только все-таки пролез. Вздохнул я тут спокойно, залег в траву, стал себе руки перевязывать — кровь так и льет.

И забыл совсем, чума меня возьми, что я еще в германской стороне, а уж светает. Хотел было я бежать, да тут немцы тревогу подняли, нашли, видимо у себя происшествие, открыли по русским огонь, и, конечно, поползи я, тут бы меня приметили и убили.

А место, смотрю, вполне открытое было и подальше травы даже нет — лысое место. А до халуп шагов триста.

Ну, думаю, каюк-компания, лежи теперь, Назар Ильич господин Синебрюхов, благо трава спасает.

Хорошо. Лежу.

А немцы, может быть, очень обиделись: стибрили у них пулемет и двоих почем зря убили — мстят — стреляют, прямо скажу, без остановки.

К полдню перестали стрелять, да только, смотрю, чуть кто проявится в нашей в русской стороне, так они туда и метят. Ну, значит, думаю, безусловно они на стороже и нужно лежать до вечера.

Хорошо-с.

Лежу час. И два лежу. Интересуюсь бумажником — денег не мало, только все иностранные. Часишками любуюсь. А солнце прямо так и бьет в голову и дух у меня замирать стал. И жажда. Стал я тут думать про Викторию Казимировну, только смотрю сверху на мене ворон спускается.

Я лежу живой, а он может думает, что я падаль и спускается.

Я на него тихонько шикаю:

— Шш, — говорю, — пошел, провал тебя возьми!

Машу рукой, а он, может быть, не верит и прямо на мене наседает.

И ведь такая сволочь птичья — прямо на грудь садится, а поймать я никак его не поймаю — руки изувечены, не гнутся, а он еще бьется больно клювом и крылами.

Я отмахнусь — он взлетит и опять рядом сядет, а потом обратно на мене стремится и шипит даже. Это он кровь, гадюка, на руке чует.

Ну, думаю, пропал, Назар Ильич господин Синебрюхов! Пуля не тронула, а тут птичья нечисть, прости Господи, губит человека зря.

Немцы, безусловно, сейчас запримечат, что такое приключилось тут за проволокой. А приключилось: ворон при жизни человека жрет.

Бились так мы долго. Я все наровлю его ударить, да только перед германцем остерегаюсь, а сам прямо таки чуть не плачу. Руки у мене и так-то изувечены — кровь текет, а тут еще он щиплет. И такая злоба к нему напала, только он на мене устремился, как я на него крикну — кыш, — кричу, — сволочь паршивая!

Крикнул и, безусловно, немцы сразу услышали. Смотрю змеей ползут германцы к проволоке.

Вскочил я на ноги — бегу. Винтовка по ногам бьется, а пулемет на земь тянет. Закричали тут немцы, стали по мне стрелять, а я и к земле не припадаю — бегу.

И как я добежал до первых халуп, прямо скажу, не знаю. Только добежал — смотрю из плеча кровь текет — ранен. Тут по за халупами шаг за шагом дошел до своих и скосился замертво. А очнулся, запомнил, в обозе в полковом околодке.

Только хвать-похвать за карман — часишки тут, а кабаньего бумажника как ни бывало. Толи я на месте его оставил — ворон спрятать помешал, толи выкрали санитары.

Заплакал я прегорько, махнул на все рукой и стал поправляться.

Только узнаю: живет у прапорщика Лапушкина здесь в обозе прелестная полячка Виктория Казимировна.

Хорошо-с.

Прошла, может быть, неделя, наградили меня Георгием и являюсь я в таком виде к прапорщику Лапушкину.

Вхожу в халупу.

— Вздравствуйте, — говорю, — ваше высокоблагородие и вздравствуйте, пожалуйста, прелестная полячка Виктория Казимировна.

Тут, смотрю, смутились они оба. А он встает, ее заслоняет.

— Чего, — говорит, — тебе надобно? Ты, говорит, давно мне примелькался, под окнами треплешься. Ступай, говорит, отсюдова так твою так.

А я грудь вперед и гордо так отвечаю:

— Вы, — говорю, — хоть и состоите в чине, а дело тут, между прочим, гражданское и имею я право разговаривать как и всякий. Пусть, говорю, она, прелестная полячка, сама сделает нам выбор.

Как закричал он на мене:

— Ах, ты, — закричал, — сякой-такой водохлеб! Как же ты это смеешь так выражаться... Снимай, говорит, Георгия, сейчас я тебя наверно ударю.

— Нет, — отвечаю, — ваше высокоблагородие, я в боях киплю и кровь проливаю, а у вас, говорю, руки короткие.

А сам тем временем к двери и жду, что она, прелестная полячка, скажет.

Да только она молчит, за Лапушкину спину прячется.

Вздохнул я прегорько, сплюнул на пол плевком и пошел себе.

Только вышел за дверь, слышу ктой-то топчит ножками.

Смотрю: Виктория Казимировна бежит, с плеч роняет трикотажный платочек.

Подбежала она ко мне, в руку впилась цапастенькими коготками, а сама и слова не может молвить. Только секундочка прошла, целует она мене прелестными губами в руку и сама такое:

— Низынько кланяюсь вам, Назар Ильич господин Синебрюхов... Простите мене такую то для ради Бога, да только судьба у нас разная...

Хотел я было упасть тут же, хотел было сказать что-нибудь такое, да вспомнил все, перевозмог себя.

Нету, — говорю, — тебе, полячка, прощения во веки веков.

ЧЕРТОВИНКА

Жизнь я свою не хаю. Жизнь у мене, прямо скажу, хорошая.

Да только нельзя мне, заметьте, на одном засиженном месте сидеть да бороденку почесывать.

Все со мной чтой-то такое случается... Фантазии я своей не доверяю, но какая-то, может быть, чертовинка препятствует моей хорошей жизни. Или, может быть, бесик какой-нибудь незримый, либо в образе насекомого гада ползучего виется около мене и мной помыкает.

С германской войны я, например, расчитывал домой уволиться. Дома, думаю, полное хозяйство. Так нет, навалилось тут на мене, прямо скажу, за ни прочто все-всякое. Тут и тюрьма, и сума, и пришлось даже мне такому-то идти наниматься рабочим батраком к своему задушевному приятелю. И это, заметьте, при полном своем семейном хозяйстве.

Да-с.

При полном хозяйстве нет теперь у меня ни двора, ни даже куриного пера. Вот оно какое дело.

А случилось это вот как:

Из тюрьмы меня уволили, прямо скажу, нагишем. Из тюрьмы я вышел разутый и раздетый.

Ну, думаю, куда же мне такому-то голому идти — домой являться? — Нужно мне обжиться в Питере.

Поступил я в городскую милицию. Служу месяц и два служу, состою все время в горе, только глядь поглядь — нету двух лет со дня окончания германской кампании.

Ну, думаю, пора и ехать, где бы только разжиться деньжонками.

И вот вышла мне такая встреча.

Стою раз преспокойно на Урицкой площади, смотрю какой-то прет на мене в суконном галифе.

— Узнаешь ли, — вспрашивает, — Назар Ильич господин Синебрюхов? Я, говорит, и есть твой задушевный приятель.

Смотрю: точно — личность знакомая. Вспоминаю: безусловно, — задушевный приятель, — Утин фамилия.

Стали мы тут вспоминать кампанию, стали радоваться, а он вижу чего-то гордится, берет меня за руку.

— Хочешь, — говорит, — знать мою биографию?. Я комиссар и занимаю вполне прелестный пост в советском имении.

— Что-ж, — отвечаю, — дорогой мой приятель Утин, всякому свое, всякий, говорю, человек дает от себя какую-нибудь пользу. Ты же человек одаренный качествами и я посейчас вспоминаю всякие твои исторические рассказы и переживания. И Пипина Короткого, говорю, помню.

Спасибо тебе не малое.

А он вдруг мной восхитился.

— Хочешь, — говорит, — поедем ко мне, будем жить с тобой в обнимку и по-приятельски.

— Спасибо, — говорю, — дорогой приятель Утин, рад бы, да нужно торопиться мне в родную свою деревеньку.

А он вынул откуда-то кожаный бумажник, отрыл десять косых.

— На, — говорит, — возьми, если на то пошло. Поезжай в родную свою деревню, либо так истрать, мне теперь все равно.

Взял я деньжонки и адрес взял.

— Что ж, — думаю, — и я ему не мало сделал, а тут вполне прекрасный случай — поеду теперь в деревню.

А это верно: на фронте я его всегда покрывал. Там, скажем, бой или разведка, я прямо к ротному командиру. Так и так, отвечаю, Утина никак нельзя послать. Ну, не дай Бог, пуля его пристрелит — человек он образованный и погибнет с ним большое знание.

И через меня устроили его на длинномер, так он всю свою жизнь, всю то-есть германскую кампанию и мерил шаги до германских окопчиков.

Так вот произошла такая с ним встреча и вскоре после того собрался я и поехал в родные свои места.

И вот, запомнил, подхожу к своей деревеньке походным порядком, любуюсь каждой даже ветошкой, восторгаюсь, только смотрю — ползет навстречу поп, мать его так-то.

Ну, думаю будет теперь беда-бедишка. А сам, безусловно, подхожу к нему.

— Вздравствуйте, — говорю, — батюшка отец Сергий. Вполне прелестный день.

Как шатнется он от мене в сторону.

— Ой-е-ей, — говорит, — взаправду ли это ты, Назар Ильич господин Синебрюхов, или мне это образ представляется?

— Да, — говорю, — взаправду, батюшка отец Сергий, а что, говорю, случилось, ответьте мне для ради Бога.

— Да как же, — говорит, — что случилось? Я по тебе живому панихидки служу и все мы почитаем тебя умершим покойником, а ты вон как... А супруга, говорит, твоя, можешь себе представить, живет даже в советском браке с Егор Иванычем.

— Ой-е-ей, — отвечаю, — что же вы со мной такоеча сделали.

Очень я растрогался, сам дрожу.

Ну, думаю, вот и беда-бедишка.

Ничего я попу больше не сказал и потрусил к дому.

Взбегаю в собственный, заметьте, домишко, смотрю — уже сидят двое — баба моя Матрена Васильевна госпожа Синебрюхова, да Егор Иваныч. Чай кушают. Поклонился я низынько.

— Чай, — говорю, — вам да сахар. Что же тут такоеча приключилось, Егор Иваныч господин Клопов, не томите мене для ради Бога?

А сам не могу больше терпеть и по углам осматриваю свое добришко.

— Вот, — смотрю, спасибо, сундучек, вот и штаны мои любезные висят, и шинелька — все на том же месте.

Только вдруг подходит ко мне Егор Иваныч, ручкой этак вот передо мной крутит.

— Ты, — говорит, — чужие предметы руками не тронь, а то, говорит, я сам за себя не отвечаю.

— Как же, — намекаю, — чужие предметы, Егор Иваныч, если это, безусловно, мои штаны. Вот тут даже, взгляните, химический подпис Ен Синебрюхов.

А он:

— Нет тут твоих штанов и быть их не может, тут, говорит, все мое добришко пополам с Матреной Васильевной.

А сам берет Матрену Васильевну за локоток и за ручку, выводит ее, например, на середину.

— Вот, — говорит, — я, а вот законная супруга моя, драгоценная Матрена Васильевна. И все не сомневайтесь по закону и подпис Ленина.

Тут поклонилась мне Матрена Васильевна.

— Да, — отвечает, — воистинная все это правда. Идите себе с Богом, Назар Ильич господин Синебрюхов, не мешайте для ради Бога постороннему счастью.

Очень я опять растрогался, вижу все пошло прахом и ударил я тут Егор Иваныча. И ударил, прямо скажу, не по злобе и не шибко ударил, а так, для ради собственного блезиру. А он, гадюка, упал нарочно навзничь. Ногами крутит и кровью блюет.

— Ой-е-ей, — кричит, — убийство.

Стали тут собираться мужички. И председатель тоже собрался. Фамилия Рюха. Начали тут кричать, начали с полу Егор Иваныча поднимать...

А только смотрю — многие, прямо таки, мной восхищаются и за мене горой стоят и даже подзюкивают в смысле Егор Иваныча.

— Побей, — подзюкивают, — Егор Иваныча, а мы говорят, в общей куче еще придадим ему и даже, может быть, нечаянно произойдет убийство:

Только замечаю: председатель Рюха перешептался с Егор Иванычем и ко мне подходит.

— Ты что-ж это, — говорит, — нарушаешь тут беспорядки? Что-ж ты, мать твою так, выступаешь супротив Ленина? Контр твоя революция нам теперь вполне известна и даже если на то пошло есть у мене свидетели.

Вижу человек обижается, я ему тихеньким образом внедряю:

— Я, говорю, — беспорядков не нарушаю. Ни отнюдь. Но, говорю, как же так, если это мое добришко, так имею же я право руками трогать? И штаны, говорю, мои, взгляните — химический подпис.

А он, гадюка, вынимает какую-нибудь там бумагу и читает.

— Нет, — говорит, — ничего тут не выйдет. Подпис Ленина. Лучше, говорит, ушел бы ты куда ни на есть. Сам посуди: суд да дело, да уголовное следствие — все это год или два, а жрать-то тебе, безусловно, нужно. И к тому же, может быть, выяснится что ты трудовой дезертир.

И так он обернул все это дело, что поклонился я всем низынько.

— Ладно, — отвечаю, — уйду куда ни на есть. Прощайте и Богъ вам свидетель. Только пусть ответит мне Матрена Васильевна, где же родной мой сын мальчичек Игнаша? А она, жаба, отвечает тихими устами:

— Сын ваш, мальчичек Игнаша, летось еще помер от испанской болезни.

Заскрипел я зубами, оглянулся на четыре угла — вижу все мое любезное висит, поклонился я в другой раз и вышел тихохонько.

Вышел я за деревню. Лес. Присел на пенек. Горюю. Только слышу ктой-то трется у ноги.

И вижу: трется у ноги сучка небольшая, белая. Хвостиком она так и крутит, скулит, в очи мне смотрит и у ноги так и виется.

Заплакал я прегорько, ласкаюсь к сучке.

— Куда же, — вспрашиваю, — нам с тобой, сучка, приткнуться?

А она как завоет тонехонько, как заскулит, как завиется задом, так пошла даже у мене сыпь по телу от неизвестного страха.

И вот тут я глянул на нее еще раз и задрожал.

— Откуда же, — думаю, — взяться тут сучке? Так вот подумал, вскочил быстренько и безусловно от нее ходу.

— Эге, — думаю, — это не спроста, это и есть моя чертовинка или, может быть, бесик во образе небольшой сучки.

Иду это я шибко, только смотрю — за мной катится.

Я за дерево схоронился, а она травинку нюх да нюх, понюхрила и вижу мене нашла, снова у ноги виется и в очи смотрит. И такой на мене трепет напал, что закричал я голосом и побежал.

Только бегу по лесу — хрясь идет, а она за мной так скоком и скачет, так мене и достигает.

И сколько я бежал не помню, только слышу будто внутренний голос просит:

— Упань... упа-ань...

Упал я тут на земь, зарылся головой в траву и начался со мной кошемар. Ветер ли засуршит по верху, либо ветошка обломится мне теперь все равно, мне все чудится, что достигает мене сучка и вот-вот зубами взгрызется и, может быть, перекусит горло и будет кровь сосать.

Так вот пролежал я час или, может быть, два, голову поднять не смею, и стал забываться.

Может быть, я тут заснул, — не знаю, только утром встаю: трется у ноги сучка. А во мне будто страху никакого и нет и даже какой-то смех внутренний выступает.

Погладил я сучку по шерстке, сам, безусловно, еще остерегаюсь.

— Ну, — говорю, — нужно нам идти. Есть, говорю, у меня такой задушевный приятель Утин. К нему мы и пойдем. Будем с ним жить в обнимку и по приятельски.

Так вот я сказал ей, будто у нас вчера ничего и не было. Встаю и иду тихонечко. Она, безусловно, за мной.

Прихожу, например, в одну деревню, расспрашиваю:

— Это, — говорят, — очень даже далеко и идти туда нужно, может быть, пять ден.

— Ой-е-ей, — говорю, — что же мне такоеча делать? Дайте, говорю, мне, если на то пошло пол буханки хлеба.

— Что ты, — говорят, — что ты, прохожий незнакомец, тут кругом все голодуют и сами возьмут, если дастишь.

Так вот не дали мне ничего, и в другой деревне тоже ничего не дали и пошел я вовсе даже голодный с белой своей сучкой.

Да еще, не вспомню уж откуда, увязался за нами преогромный такой пес — кобель.

Так вот иду я сам третий, голодую, а они, безусловно, нюх да нюх и найдут себе пропитание.

И так я голодовал в те дни, провал их возьми, что начал кушать всякую нечисть и блекоту, и съел даже, запомнил, одну лягуху.

Теперь вот озолоти меня золотом — в рот не возьму, а тогда съел.

Было это, запомнил, к концу дороги. К вечеру я, например, очень ослаб, стал собирать грибки да ягодки, смотрю — скачет.

И вспомнил: говорил мне задушевный приятель, что лягух, безусловно, кушают в иностранных державах и даже вкусом они вкусней супротив рябчиков. И будто сам он ел и похваливал.

Поймал я тогда лягуху, лапишки ей пообрывал. Кострик, может быть, разложил и на согретый камушек положил печись эти ножки.

А как стали они печеные, дал одну сучке, а та ничего — съела.

Стал и я кушать.

Вкуса в ней, прямо скажу, никакого, только во рту гадливость.

Может быть, ее нужно с солью кушать — не знаю, но только в рот ее больше не возьму.

Все таки съел я ее, любезную. Поблевал малехонько. Заел еще грибками и побрел дальше.

И сколько я так шел — не помню, только дошел до нужного места.

Вспрашиваю:

— Здесь ли проживает задушевный приятель Утин?

— Да, — говорят, — безусловно, здесь проживает задушевный приятель Утин. Взойдите вот в этот домишко.

Взошел я в домишко, а сучка у мене, заметьте, в ногах так и виется и кобель сзади. И вот входит в зальце задушевный приятель и удивляется:

— Ты ли это, Назар Ильич господин Синебрюхов?

— Да, — говорю, — безусловно. А что, говорю, такоеча?

— Да нет, — говорит, — ничего. Я, говорит, тебя не гоню и супротив тебя ничего не имею, да только как же все это так?

Тогда я отвечаю ему гордо:

— Я, — отвечаю, — дорогой мой приятель Утин, вижу, что ты не рад, но я, говорю, пришел не в гости гостить и не в обнимку жить.

Я, говорю, пришел в рабочие батраки наняться, потому что нет у мене теперь ни кола ни даже куриного пера.

Подумал это он.

— Ну, — говорит, — ладно. Лучше мене, это знай, человека нет. Я, говорит, каждому отец родной. Я, говорит, тебя чудным образом устрою. Становись ко мне рабочим по двору.

И вдруг, замечайте, всходит из боковой дверюшки старичек. Чистенький такой старикан. Блюза на нем голубенькая, подпоясок, безусловно, шелковый, а за подпояском платочек носовой. Чуть что — сморкается в него, либо себе личико обтирает. А ножками так и семенит по полу, так, гадюка, и суршит новыми полсапожками.

И вот подходит он ко мне.

— Я, говорит, рекоминдуюсь: папаша Утин. Чего это ты, скажи пожалуйста, приперся с собаками? Я, говорит, имейте в виду, собак не люблю и терпеть их ненавижу. Они, мол, всюду гадят и кусаются.

А сам, смотрю, сучку мою все норовит ножкой своей толкануть.

И так он сразу мне не понравился, и сучке моей, вижу, не понравился, но отвечаю ему такое:

— Нет, — говорю, — старичек, ты не пугайся, они не кусачие...

Только это я так сказал, сучка моя как заурчит, как прыгнет на старичка, как куснет его за левую ручку, так он тут и скосился.

Подбежали мы к старичку...

И вдруг, смотрю, исчезла моя сучка. Кобель, безусловно, тут, кобель, замечайте, не исчез, а сучки нету.

Люди после говорили, будто видели ее на дворе, да только не знаю, не думаю... Дело это совершенно темное и удивительное...

Так вот подошли мы к старичку. Позвали фершала.

Фершал ранку осмотрел.

— Да, — говорит, — это собачий укус небольшой сучки. Ранка небольшая. Маленькая ранка. Не спорю. Но, говорит, наука тут совершенно бессильна. Нужно везть старичка в Париж — наверное сучка была бешеная.

Услышал это старичек, задрожал, увидел мене.

— Бейте, — закричал, — его! Это он подзюкал сучку, он на мою жизнь покусился. Ой-е-ей, говорит, умираю и завещаю вам перед смертью: гоните его отсюда для ради Бога.

Ну, думаю, вот и беда-бедишка.

А подходит тут ко мне задушевный приятель Утин.

— Вот, — говорит, — Бог, а вот тут по-
рог. Больше мы с тобой не приятели.

Взял я со стола ломоточек хлеба, поклонился на четыре угла и побрел тихохонько.

ГИБЛОЕ МЕСТО

Много таких же как и не я, начиная с германской кампании, ходят по русской земле и не знают к чему бы им такое приткнуться.

И верно. К чему приткнуться человеку, если каждый предмет, заметьте, свиное корыто даже, имеет свое назначение, а человеку этого назначения не указано?

А мне от этого даже жутко.

И таких людей видел я не мало и презирать их не согласен. Такой человек мне лучший друг и дорогой мой приятель.

Конечно, есть такие гиблые места, где и другие тоже ходят. Страшные. Но такого страшного жулика я сразу вижу. Взгляну и вижу какой он есть человек.

Я их даже, гадюк, по походке, может быть, отличу, по самомалейшей черточке увижу.

Я вот, запомнил, встретил такого человека. О нем мне и по сейчас жутковато вспоминать.

Я в лесу его встретил.

Так вот, представьте себе — пенек, а так он сидит. Сидит и на мене глядит.

А я иду, знаете ли, смело и его будто и не примечаю..

А он вдруг мне и говорит:

— Ты, говорит, — это что?

Я ему и отвечаю:

— Вы, — говорю, — не пугайтесь, иду я, между прочим, в какую-нибудь там деревню на хлебородное местечко в рабочие батраки.

Ну, — говорит, — и дурак (это про меня то-есть). Зачем же ты идешь в рабочие батраки, коли я, может быть, желаю тебя осчастливить? Ты, говорит, сразу мне приглянулся наружной внешностью и беру я тебя в свои компаньоны. Привалило тебе не малое счастье.

Тут я к нему подсел.

— Да что ты? — отвечаю. Мне бы, говорю, милый ты мой приятель, вполне бы не плохо сапожонками раздобыться.

— Гм, — говорит, — сапожонками... Дивья тоже. Тут, говорит, вопрос является побольше. Тут вопрос очень даже большой.

И сам чудно как-то кихикает, глазом мне мигун, — мигает и все говорит довольно хитрыми выраженьями.

И смотрю я на него: мужик он здоровленный и высокущий и волосы у него, заметьте, так отовсюду и лезут, прямо таки лесной он человек. И ручка у него тоже... Правая ручка вполне обыкновенная, а на левой ручке пальцев нет.

— Это что ж, — вспрашиваю, — приятель, на войне пострадал в смысле пальцев-то?

— Да нет, — мигает, — зачем на войне. Это, говорит, дельце было. Уголовно-политическое дельце. Бякнули меня топором по случаю.

— А каков же, — вспрашиваю, — не обидьтесь только, случай-то?

— А случай, — говорит, — вполне простой: не клади лапы на чужой стол, коли топор вострый.

Тут я на него еще раз взглянул и увидел, что за он человек.

А после немножко оробел и говорю:

— Нет, — говорю, — милый ты мой приятель. Мне с тобой не по пути. Курс у нас с тобой разный. Я, говорю, не согласен идти на уголовно-политическое дело, имейте это в виду.

Так вот ему рассказал это, встал и пошел.

А он мне и кричит:

— Ну и выходит, что ты дурак и старая сука (это на меня то-есть). Пошел, говорит, проваливай покуда целый.

Я, безусловно, за березку, да за сосну и теку.

И вот, запомнил, пришел в деревню, выбрал хату наибогатенькую. Зашел.

Жил-был там мужик Егор Савич. И такой, знаете ли, прелестный говорун мужик этот Егор Савич, что удивительно даже подумать. Усадил он меня, например, к столу, хлебцем попотчевал.

— Да, — отвечает, — это можно. Я возьму тебя в работники. Пожалуйста. Что другое, не знаю, может быть, ну а это — сделайте ваше великое удовольствие — могу. Делов тут хоть и не много, да за то мне будет кое с кем словечком перетнуться. А то баба моя совсем глупая дура. Ей бы все пить да жрать, да про жизнь на картишках гадать. Можете себе представить. Только, говорит, приятный ты мой, по совести тебе скажу, место у нас тут гиблое. Народу тут множество-многое до смерти испорчено. Босячки всякие так и ходят под флагом бандитизма. Поп вот тоже тут потонул добровольно, а летом, например, матку моей бабы убили по случаю. Тут, приятный ты мой, места вполне гиблые. Смерть так и ходит, косьем помахивает.

Так вот поговорили мы с ним до вечера, а вечером баба его кушать подает.

Припал я тут к горяченькому, а он, Егор Савич, так и говорит, так и поет про разные там дела-делишки и все клонит разговор на самые жуткие вещи и приключения, и сам дрожит и пугается.

Рассказал он мне тогда, запомнил, случай, как бабку Василису убили. Как бабка Василиса на корячках у помойной кучи присела и рыком-рычит, а он, убийца, так в нее и лепит из шпалера и все, знаете ли, мимо. Раз только попал, а после все мимо.

А дельце это такое было:

Пришли к ним, например, два человека и за стол без слова сели. А бабка Василиса покойница — яд была бабка. Может быть, матка у ней была из полячишек.

Ладно. Бабка Василиса видит, что смело они так сели, и к ним.

— Вы, — говорит, — кто ж такие будете, красные, может быть, или, наверное, белые?

Что они такое ответили, я не слышал, я, скажу по правде, за квасом в тот момент вышел.

Но только прихожу — бабка Василиса очень даже яростно с ними грызется и в голос орет. А один такой беловатый из себя уставился на нее как козел на воду, и после хвать ее за руку без объяснения причин и потащил ко двору.

Да-с, вот каков был случай.

Я тогда Егор Савича, запомнил, даже побранил по всякому.

— Чего-ж это ты — побранил — за бабку то не вступился? Явление это вполне недопустимое.

А он:

— Да, — говорит, — недопустимое, сознаю, но, говорит, если б она мне родная была матка, то да, то я, я очень вспыльчивый человек, я, может быть, зубами бы его загрыз, ну а тут не родная она мне матка, бабы моей матка. Сам посуди, зачем мне на рожон было лезть?

Спорить я с ним не стал, меня ко сну начало клонить, а он так весь и горит и все растравляет себя на страшное.

— Хочешь, — говорит, — я тебе еще про попа расскажу? Очень, говорит, это замечательное явление из жизни.

— Что ж, — отвечаю, — говори, если на то пошло. Ты, говорю, теперь хозяин.

Начал он тут про попа рассказывать, как поп потонул.

— Жил-был, говорит, поп Иван и можете себе представить...

Говорит это он, а я слышу стучит ктой-то в дверь и голос-бас войти просит.

И вот, представьте себе, всходит этот самый беспалый, с хозяином здоровается и мне все мигун — мигает.

— Допустите, — говорит, — переночевать. Ночка, говорит, темная, я боюся. А человек я богатый.

И сам, жаба, кихикает.

А Егор Савич так в мыслях своих и порхает.

— Пусть, — говорит, — пусть. Я ему про попа тоже расскажу.

Жил-был, говорит, поп и можете себе представить, ночью у него завыла собака...

А я взглянул в это время на беспалого — ухмыляется гадюка. И сам вынимает серебренный портсигарчик и папироску закуривает.

— Ну, — думаю, — вор и сибиряк. Не иначе как кого распотрошил. Ишь ты какую вещь стибрил.

А вещь — вполне роскошный барский портсигар. На нем, — знаете ли, запомнил, букашка какая-нибудь, свинка...

Оробел я снова и говорю для внутренней бодрости:

— Да, — говорю, — это ты Егор Савич, например, про собаку верно. Это не правда, что смерть старуха с косой. Смерть маленькое и мохнатенькое, катится и кихикает. Человеку она незрима, а собака, например, ее видит и кошка видит. Собака как увидит — мордой в землю уткнется и воет, а кошка та фырчит и шерстка у ней дыбком становится. А я вот, говорю, такой человек, смерти хотя и не увижу, но убийцу замечу издали и вора, например, тоже.

И при этих моих словах на беспалого взглянул.

Только я взглянул, а на дворе:

— У... у...

Как завоет собака, так мы тут и зажались.

Смерти я не боюсь, смерть мне очень даже хорошо известна по военным делам, ну а

Егор Савич человек гражданский, частный человек.

Егор Савич как услышал у... у, так посерел весь будто люнатик, заметался, припал к моему плечику.

— Ох, — говорит, — как вы хотите, а это, безусловно, на мой счет. Ох, говорит, — моя это очередь. Не спорьте.

Смотрю и беспалая жаба сидит в испуге. Егора Савича я утешаю, а беспалая жаба такое:

— С чего бы, — говорит, — тут смерти-то ходить. Давайте, говорит, ляжем спать поскореича. Завтра-то мне (замечайте) чуть свет вставать нужно.

— Ох, думаю, — хитровой мужик, сволочь такая, и как красноречиво выказывает свое намеренье.

Ты только ему засни, а он тиликнет тебя, может быть, топориком и баста, чуть свет уйдет.

Нет, думаю, не буду ему спать, не такой я еще человек темный.

Ладно. Пес, безусловно, заглох, а мы разлеглись кто куда, а я, запомнил, на полу приткнулся.

И не знаю уж как вышло, может, что горяченького через меру покушал — задремал.

И вот представилась мне во сне такая картина:

Сидим мы будто у стола как и раньше и вдруг катится, замечаем, по полу темненькое и мохнатенькое. Докатилось оно до Егора Савича и приг ему на колени, а беспалый нахально хохочет. И вдруг слышим мы ижехерувимское пенье и деточка будто такая маленькая в голеньком виде всходит и передо мной во фронт становится и честь мне делает ручкой.

А я будто оробел и говорю:

— Чего, — говорю, — тебе невинненькая деточка нужно? Ответьте мне для ради Бога.

А она будто нахмурилась, невинненьким пальчиком указует на беспалого.

Тут я и проснулся. Проснулся и дрожу. Сон, думаю, в руку. Так я об этом и знал.

Дошел я тихеньким образом до Егор Савича, сам шатаюсь.

— Что, — вспрашиваю, — жив ли, говорю.

— Жив, — говорит, — а что такоеча?

— Ну, — говорю, — обними меня, я твой спаситель. Буди мужиков, вязать нужно беспалого сибирского преступника.

Разбудили мы мужиков, стали вязать беспалого, а он, гадюка, представляется, что не в курсе дела.

Ну, слово за слово, улики я против него собрал, портсигарчик тоже нашел, а он перешептался, может быть, с мужичками, подкупил их наверно и вышло тут дельце совершенно темное. Сами же мужички на мене насели.

— Ступай, — говорят, — лучше из нашей губернии. Ты, говорят только людей смущаешь, сучье мясо. Человек это вполне прелестный человек. Заграничный продавец. Он для нас же дураков дело делает — спиртишко из-за границы носит.

— Ну, — говорю, — драться вы не деритесь. Вы есть темные людишки и обижаться мне на вас нечего. Обольстила вас беспалая жаба, ну да мне видение мое сонное вполне дороже.

Собрал я свое борохлишко и пошел.

А очень тут рыдал Егор Савич. Проводил он меня верст аж за двадцать от гиблого места и все рассказывал разные разности.